DOCUMENTS INÉDITS

SUR

MONTAIGNE

PARIS, IMPRIMERIE MAULDE ET RENOU,
Rue de Rivoli, 144.

DOCUMENTS INÉDITS

SUR

MONTAIGNE

RECUEILLIS ET PUBLIÉS

Par le Dr J.-F. PAYEN.

N° 3.

ÉPHÉMÉRIDES, LETTRES,
ET AUTRES PIÈCES AUTOGRAPHES ET INÉDITES
DE MICHEL DE MONTAIGNE ET DE SA FILLE ÉLÉONORE

TIRÉ A 100 EXEMPLAIRES.

PARIS
P. JANNET, RUE DES BONS-ENFANTS, 28.

1855

DOCUMENTS INÉDITS

SUR

MONTAIGNE

RECUEILLIS ET PUBLIÉS

Par le Dr J.-F. PAYEN.

N° 3.

ÉPHÉMÉRIDES, LETTRES,
ET AUTRES PIÈCES AUTOGRAPHES ET INÉDITES
DE MICHEL DE MONTAIGNE ET DE SA FILLE ÉLÉONORE

TIRÉ A 100 EXEMPLAIRES.

PARIS
P. JANNET, RUE DES BONS-ENFANTS, 28.
—
1855

Depuis plusieurs mois je m'occupe avec ardeur d'une nouvelle publication sur Montaigne, à l'occasion de la connaissance qui m'a été donnée, il y a un an, d'un précieux volume qui contient sur cet auteur et de sa propre main des renseignements plus curieux, plus inattendus et plus importants qu'aucune des pièces nouvelles produites dans ces derniers temps.

Il s'agit d'un volume des Ephémérides de Beuther, possédé et surtout annoté par Michel Montaigne, pendant une grande partie de sa vie, et enrichi, après lui, par sa fille et ses descendants jusqu'au commencement du XVIIIe siècle.

Ce volume appartient à M. Octave de la Rose, qui, jeune encore, sut en apprécier la haute valeur et le choisit de préférence à tout autre objet précieux dans la succession de M. de Ségur, descendant, par les femmes, d'Eléonore de Montaigne.

M. le comte de Kercado, que j'ai l'honneur de connaître depuis bien des années, ayant appris l'existence de ce volume, eut la bonne pensée de l'emprunter, et, de l'aveu du propriétaire, de me le communiquer en m'autorisant à en prendre copie, et plus tard M. de la Rose consentait de la meilleure grâce du monde à ce que je publiasse ces annotations.

Ce bonheur inouï devait en entraîner un autre, et

M. Parison, qui possède une page entière, autographe et inédite de Montaigne, dont jusqu'à présent il avait désiré réserver la publication, a bien voulu s'en dessaisir en ma faveur et il m'autorise à la publier; enfin, depuis quelques années, j'ai vu plusieurs lettres inédites de Montaigne; la copie de quelques-unes m'a été donnée, et je puis aujourd'hui sur ce nombre en publier au moins deux.

Assurément, ces éléments suffisaient pour une publication sur Montaigne, mais on m'avait conseillé de grouper autour d'eux quelques-uns des documents que je possède sur la biographie, la généalogie, sur les registres du parlement de Bordeaux, etc., etc., et c'était là l'objet de mon travail actuel; mais les renseignements qu'on m'a fournis sont si divers et si nombreux, que leur coordination demande du temps et de l'étude, et puis d'autres communications me sont promises encore, de telle sorte que je vois incessamment s'éloigner le jour tant désiré de la publication.

Je craindrais en tardant davantage que les auteurs de ces communications, si libérales et si désintéressées, ne me supposassent ingrat ou indifférent, et ne me jugeassent indigne de la faveur qu'ils m'ont accordée; je me suis donc décidé à publier aujourd'hui ces pièces isolément, me réservant de publier plus tard les documents de second ordre que j'ai à produire.

Montaigne n'a certainement rien à perdre à paraître seul, et ses admirateurs ne songeront pas même à s'apercevoir de l'absence de glose de son éditeur.

J. F. Payen.

Mars 1855.

ÉPHÉMÉRIDES DE BEUTHER.

Il existe plusieurs éditions des Éphémérides de Beuther; voici le titre de celle dont Montaigne a possédé un exemplaire.

MICHAELIS BEVTHERI carolopolitae franci, Ephemeris Historica, eiusdem, de annorum mundi concinna dispositione libellus. Parisiis, ex officina Michaelis Fezandat et Roberti Grandion in taberna Gryphiana : ad montē D. Hilarii, sub iuncis. 1551.

In-8° de 16-432 et 16 pages. La première feuille, soit 1 à 16, est occupée par les pièces préliminaires, la dédicace à D. Melchior, évêque de Wirczeburg, etc., et les pièces apologétiques émanées, des savants amis de l'auteur. Les huit derniers feuillets sont consacrés à la table.

Le texte de l'ouvrage donne un article général pour chaque mois, puis un article spécial pour chaque jour du mois. En tête se trouvent la supputation correspondante du temps chez les Hébreux, les Grecs et les Latins, et par conséquent la concordance; puis viennent des articles plus ou moins nombreux d'Éphémérides historiques, le tout disposé typographiquement, de telle manière que la moitié de la page reste libre et blanche, afin que le possesseur y inscrive ses propres éphémérides (1).

---

(1) Tous les exemplaires que j'ai vus sont ainsi utilisés : par exemple, celui de Franciscus Noëus Rassius, chirurgicus parisiensis, (RANCE ou RASSE DES NEUS, voy. le *Ducatiana*), porte entre autres annotations, celle-ci qu'on pourrait dire confidentielle : « *Anno D. 1551*, « *vxorem duxi mariam* « *Le Prestre*, INTER PRIMAM ET 2ᵃᵐ A MEDIA NOCTE. *Id sit fœlicibus auspiciis.* »

Dans l'exemplaire de Montaigne, une note sur sa naissance pourrait bien être de la main de son père; on trouve de plus une quarantaine de notes de lui, quelques-unes d'Éléonore de Montaigne; enfin des annotations relatives aux possesseurs successifs, descendants d'Éléonore, et, le plus souvent de leur propre main.

Quant à l'état matériel du volume, il est déplorable; il ne reste qu'un tiers du frontispice du côté de la souche; les pages suivantes sont aussi largement atteintes, puis elles s'élargissent peu à peu, et ce n'est que vers la page 65 qu'elles prennent une dimension présentable, sauf les désordres produits par les vers ou l'humidité; mais de plus, un grand nombre de feuillets, un cahier entier manquent. Enfin, à quelques pages, il est évident que la portion manuscrite a été coupée avec des ciseaux. J'ai relevé exactement toutes ces regrettables mutilations, j'en conserve la note, mais il n'y aurait aucun intérêt à la reproduire ici.

Le volume est dans sa reliure primitive en vélin, laquelle a naturellement subi des dommages en rapport avec le délabrement du texte.

Les annotations faites par Montaigne sont de beaucoup les plus importantes; ce sont les seules que je publie ici au nombre de trente-neuf, j'y joins quelques notes autographes d'Éléonore sa fille et deux autres d'une main inconnue, relatives à la naissance et à la mort de l'auteur des Essais.

Une note de ce dernier est atteinte au point d'être illisible, c'est la quarantième.

NOTES MANUSCRITES

INSCRITES SUR L'EXEMPLAIRE DES ÉPHÉMÉRIDES DE BEUTHER,

QUI A APPARTENU A MONTAIGNE.

§ 1ᵉʳ.

NAISSANCE ET MORT DE MONTAIGNE.

(Main inconnue.)

N° 1.

Februarius 28.   Page 61 recto.

Hoc die circiter horam undecimam ante meridiem, natus est petro Montano & Antonina Lopessia nobilibus parentibus Michael (1) Montanus in confiniis Burdigalensiū & petragor... sium, in domo paterna, Montano, an... a christo nato (1533) latina cōputa...

N° 2.

September 13.   Page 268 verso.

Cete année 1592 mourut michel segneur de montaigne, agé de 59 ans e demy a montaigne, son cœur fut

---

(1) Entre ces deux noms était le mot *Eiquemius* qui a été effacé, de même à la ligne précédente le mot *Eiquemio*. — Ce feuillet est détruit aux places où on voit des lacunes.

mis dans l'esglise s^t michel et fransoise de la chasagne, dame de montaigne, sa uefue, fit porter son corps a bourdeaus et le fit enterrer an leglise des fœuillens ou elle luy fit faire un tombaux esleue et acheta pour cela la fondation de lesglise (1).

§ II.

NOTES AUTOGRAPHES DE MONTAIGNE.

(Nous rangeons ici ces annotations par ordre chronologique; — nous les faisons suivre de quelques *observations*.

N° 3.

September 29.   Page 284 verso.

L'an 1495, naquit Pierre (Eyquem) de montaigne mon père, à montaigne (2).

N° 4.

Maiv; 17.   Page 144 verso.

1534, naquit Thomas m͞o frère, S^r de beauregart & drsac.

N° 5.

November 10.   Page 329 recto.

1535, naquit mon frère, pierre seigneur de la Brousse.

---

(1) Voyez l'histoire de cette fondation dans : *Monastère de Saint-Antoine des Feuillants, à Bordeaux*, par M. L. de Lamothe, 1846.

(2) Le millésime est surchargé; mais il est évident que c'est 95. Pourquoi, dans cette note, comme dans quelques autres où le nom d'Eyquem se trouve, ce nom, que nous reproduisons entre parenthèses, est-il rayé?

N° 6.

October 17.   Page 304 verso.

1536, naquit ma seur, Jane depuis fame du S^r de lestonna.

N° 7.

December 13.   Page 364 verso.

L'an 1544, françoëse de la chassaigne ma fame naquit.

N° 8.

Avgvstvs 28.   Page 251 recto.

1552, naquit léonor de mōtaigne ma seur, i'en fus parrin & leonor de melet marrine.

(Note rayée postérieurement, et reproduite n° 9.)

N° 9.

Avgvstvs 30.   Page 253 recto.

1552, naquit leonor de mōtaigne ma seur que ie batisai aueq leonor de melet à mōtaigne.

N° 10.

Febrvarius 19.   Page 52 verso.

1554, nasquit à bourdeaus marie de mōtaigne ma seur.

N° 11.

Janvarius 15.   Page 16 verso.

1559, entre cinq et six heures du soir nasquit à la tour en Xeintonge françois de la tour, mon gendre, le tindrent sur les fons, le S^r d'ambleuille et la dame de chalais.

N° 12.

Avgvstvs 20.   Page 243 recto.

L'an 1560, nasquit à mōtaigne sus le matin Bertrand de mōtaigne mō ieune frère le tindrēt sur les fōts Bertrād de Segur & renée de Belleuille surnomé dcspuis Sr de Mattecolom (sic).

N° 13.

September 23.   Page 278 verso.

L'an 1565, i'épousai françoëse de la chassaigne.

N° 14.

Jvnivs 18.   Page 177 recto.

Ce iourd'hui lan 1568, mourut pierre de mōtaigne mon père eage de 72 ans 3 moës, après auoir été lōtams tourmāté d'une pierre à la uessie & nous laissa 5 ēfans masles & 3 filles. il fut āterré à Mōtaigne au tūbeau de ses ācêtres (1).

N° 15.

Jvnivs 28.   Page 187 recto.

1570. naquit de Françoëse de la chassaigne & de moë vne fille que ma mère et mōs^r le présidāt de la chassaigne père de ma fame surnōārēt thoinette. c'est le premier enfant de mon mariage, Et mourut deus moës après.

---

(1) Au 4 avril, une note de main inconnue nous apprend que Antoinette de Louppes, mère de Montaigne, est morte à Bordeaux à ce jour,—en 1601.

N° 16.

September 9.   Page 264 verso.

L'an 1571 sus les deues heures après midi Françoëse de la chassaigne ma fame s'accoucha à montaigne (sic) de ma fille léonor deuxième enfant de notre mariage que pierre eyquē de mōtaigne s^r de Gauiac (gaujac ou Gaviac) mō oncle & léonor ma seur batisarēt.

N° 17.

October 28.   Page 315 recto.

L'an 1571, suiuant le comādemāt du roy & la depeche que sa maiesté m'en auoet faicte ie fu faict cheualier de lordre S. michel par les meins de Gaston de foix marquis de Trans, &c.

N° 18.

Jvlius 5.   Page 196 verso.

Lan 1573. enuiron les cinq heures du matin naquit de Frāçoise de la chassaigne ma fame et de moë à montaigne (sic) une fille qui fut le troisième ēfant de notre mariage. mōsieur labbé de uerteuil oncle de ma fame & madamoiselle de Mōs (mons) la tindrēt sur les fons ā la chapelle de ceans & la nomarēt Anne. Elle ne uécut que sept semmeines.

N° 19.

Jvlivs 24. Page 215 recto.

Lan 1573. mourut pierre de mōtaigne, seigneur de gauiac, doiem de S. seurin & chanoine de S. andré de bourdeaus mon oncle qui me laissa son héretier (sic) pour la tierce part.

N° 20.

Maivs 11. Page 138 verso.

L'an 1574, monsieur de monpansier m'aïant despéché du camp de seint Hermine pour les affaires de deça et aïant de sa part à cōmuniquer aueq la cour de parlemāt de bourdᵉ, elle me donna audiance en la chābre du conseil, assis au bureau & au dessg les ians du roi.

N° 21.

December 27. Page 378 verso.

1574, naquit a frāçoise de la chassaigne ma fame & a moe une fille quatrieme ēfāt de notre mariage, mourut ēuirō trois mois apres il fut batisee tumultueremāt la necessite pressāt.

N° 22.

Maivs 16. Page 143 recto.

1577, naquit de frāçoise de la chassaigne ma fame le cinquième enfant de notre mariage, ce fut une fille qui mourût un mois après. mon frère Sʳ de Matecolō et ma seur marie la batisarēt sans cérémonie.

N° 23.

November 29.   Page 348 verso.

1577, Henry de Bourbon roy de Nauarre sans mon sceu et moi absant me fit depecher a Leitoure lettres patantes de gentillhome de sa chābre.

N° 24.

Avgvstvs 6.   Page 229 verso.

Lan 1580, mourut au siège de la fere mōs^r de gramōt qui m'étoit fort amy; qui auoit été frapé d'un coup de piece 4 iours auparauāt moi ētāt au d^t siège.

N° 25.

Avgvstvs 1er.   Page 226 verso.

1581, etāt à Lucques ie fus esleu maire de bourdeaus en la place de mōsieur le mareschal de Biron *et lan* 1583 *fus cōtinué* (ce que je souligne a été probablement mis postérieurement, ce n'est pas la même encre et la même plume).

N° 26.

November 26.   Page 345 recto.

1581, le roy m'ecriuit de paris qu'il auoit ueue et trouuée tres agreable la nominatiō que la uille de bourdeaus auoit faict de moi pour leur maire & me cōandoit de m'en uenir à ma charge estimāt que ie fusse ēcores à rome dou ietois deia pti.

N° 27.

November 30. Page 349 recto.

1581, i'arriuai en ma maison de restur de un voïage que i'auoi faict en alemaigne et en italie auquel i'auai este despuis le 22 de Juin 1579 iusques au d^t iour auquel iour i'etoi l'année precedāte arriué à rome.

N° 28.

Febrvarivs 21. Page 54 verso.

1583 nous eusmes ēcores une fille qui fut nomée marie batisée p le Sr de Jauvillac (sic) cōseiller ē la cour de plemāt son ōcle et ma fille léonor, Elle mourut peu de iours apres.

N° 29.

December 19. Page 370 verso.

1584, le roy de nauarre me uint uoir à mōtaigne ou il n'auoit iamais esté et y fut deus iours serui de mes ians sans aucū de ses officiers, il n'y souffrit ny essai ny couuert, et dormit dans mon lit. Il auoit aueq lui messieurs le prince de condé, de rohan, de tureine, de rieus, de Betune et son frère de la Boulaie D'esternay, de Haraucourt, de mōtmartin, de mōttatere, Lesdiguière, de Poe, de Blacon, de Lusignan, de cleruan, sauignac, Ruat, sallebeuf, la rocque, laroche, de rous, d'aucourt, de Luns, Frontenac, de fabas, de uiuās et son fils, la Burte, forget, Bissouse, de seint seurin, d'Auberuille, le lieutenāt de la cōpaignie de mōsieur le prince sō escuier et ēuirō dix autres s^{rs}

coucharēt ceās outre les ualets de chābre pages et soldats de sa garde. Enuirō autāt alarēt coucher aus uillages. Au partir de ceās ie lui fis eslācer un cerf ē ma foret qui le promena 2 iours.

N° 30.

Jvlivs 29.   Page 220 par erreur 222 verso.

1587, le cōte de Gurçō le cōte du Fleix & le cheualier, trois freres mes bōs s^{rs} & amis, de la maison de foix, furēt tués à Mōcrabeau en agenois ē un cōbat fort aspre pour le seruice du roy de nauarre.

N° 31 (1).

Jvlivs 10.   Page 201 recto.

1588, entre trois et quatre après midi estant logé aus fausbours S. germein à Paris et malade d'un espèce de goutte qui lors premièremāt m'auoit sesi il y auoit iustemant trois iours ie fus pris prisonier par les capitenes et peuple de Paris c'estoit au temps que le Roy en estoit mis hors par monsieur de guise, fus mené en la bastille et me fut signifié que c'estoit à la sollicitation du duc d'Elbeuf et par droit de represailles au lieu d'un sien parāt iantillhome de normandie que le Roy tenoit prisonier à Roan. la roine mère du roy auertie par M^r pinard secretere d'estat de mon enprisonemāt obtint de mōsieur de guise qui estoit lors de fortune aueq elle et du preuost des marchans uers lequel elle enuoia (mōsieur de uilleroy secretere

(1) Voir au *fac simile* n° 1.

d'estat s'en souignant aussi bien fort en ma faucur) que sur les huit heures du soir du mesme iour un maistre d'hostel de (1) majesté me uint faire mettre ē liberte moienāt les rescrits du dict seignur duc et du dict preuost adressās au clerc capitene pour lors de la Bastille.

N° 32.

Julius 20.   Page 211 recto.

1588, entre trois et quatre après midi estant à Paris et au lit à cause d'une dolur qui m'auoit pris au pied gauche trois iours dauant qui sera à laduanture un'espèce de goutte et en eus lors le premier ressantimāt ie fus pris prisonier par les capitenes de ce peuple lorsque mōs^r de guise y comandoit et en auoit chassé le roy, ie reuenois de Roan où iauois laissé sa magesté et fus par eus mené à la bastille sur mon cheual. la roine mère du roy en aiant esté auertie par le bruit du peuple estant au cōseil aueq le dict s^r de guise obtint de luy de me faire sortir aueq beaucoup d'instance, il en dona un comādemāt par escrit adressāt au clerc qui lors coāndoit à la bastille lequel coādemāt fut porté au préuost des marchās aiant besouin de sa confirmation. A huit heures de ce mesme iour un maistre d'hotel de la roine aporta les dicts mādemans et fus mis hors, d'une faueur inouie m^r de Villeroy ētre (entre) plusieurs autres en eût beaucoup de souin c'estoit la première prisō que i'eusse (congneu

---

(1) Montaigne avait écrit *ma dicte da*, et il l'a rayé.

j'y (1)) fus mis. le duc delbeuf me faisāt prādre par droit de represailles pour un iantillhome de la ligue pris à Roan.

<small>Toute cette note est rayée. Montaigne s'était trompé de date il a reproduit son récit, mais avec quelques variantes, au 10 juillet.</small>

N° 33.

December 23.   Page 374 verso.

1588. henry duc de guise a la uérité des premiers homes de son eage fut tué en la chābre du Roy.

N° 34.

Febrvarius 27.   Page 60 verso.

1589. mʳ de belcier, sʳ de Bonaquet (sic) espousa ceans madᵑᵉ de Sallebeuf ie les auois fiancé deus iour auāt en présance de messʳˢ de la motegōdrin père et fils, de monreal, de blancastel & autres.

N° 35.

Aprilis 4.   Page 99 recto.

1589. déceda au chateau de Turenne le baron de Sauignac d'une harquebusade à la teste qu'il auoit reçeu quatre iours auparauāt au siège de la maison du pechie mō parāt & ami singuliemāt familier de céans du quel la seur estoit nourrie par ma fame.

N° 36.

Jvlius 16.   Page 206 recto.

1589. le capitene rous espousa céans madamoiselle de Sersines.

<small>La lettre initiale du dernier mot est douteuse, c'est un G. ou un S. plus probablement un S.</small>

<small>(1) *J'y fus mis*, est un commencement de phrase que Montaigne n'a pa continuée et n'a pas rayé.</small>

N° 37.

Maius 27.   Page 155 verso.

1590. un iour de dimanche léonor ma fille unique espousa françois de la Tour en presance de Bertrand son père & de moi & de ma fame céans.

N° 38.

Junius 23.   Page 182 verso.

1590. un sammedi à la pointe du iour les chaus estant extrèmes madame de la Tour ma fille partit de céans pour estre conduite en son nouueau mesnage.

N° 39.

Julius 23.   Page 214 verso.

Sammedi à la pointe du iour les chalurs estant extrêmes 1590 léonor de montaigne dame de la tour ma fille fut conduite en son nouueau mesnage.

Note rayée et reproduite au 23 juin.

N° 40.

September 5.   Page 260 verso.

1590. mecredi a 9 heures de nuit mourut à la Tour le seignur de la Tour père de mon gendre eage come il m'auoit dict de 71 an.

N° 41.

Martius 31.   Page 94 verso.

1591. nasquit à madame de la Tour ma fille son premier enfant fille babtisée par le s^r de S. michel oncle de son mari & par ma fame qui la noma françoise à la Tour (sic).

Voyez son mariage et sa mort n° 43.

§ III.

NOTES AUTOGRAPHES D'ÉLÉONORE DE MONTAIGNE.

N° 42.

October 20.   Page 307 recto.

De la main d'Eléonore:

1608. jespouse à montaigne charles de guamaches uiconte de raimont.

N° 43.

December 10.   Page 361 recto.

De la main d'Eléonore :

dimanche 1600 fransoise de latour ma fille fiansa honoré de lur fils du viconte dusa a bourdeaus.

D'une autre écriture :

Agée de 9 ans, elle mourut en couches de son premier enfent apelle charles de lur uicomte des eilles? (oreillan?) lequel mourut des blessures qu'il auoit recues au siège de salce en nouenbre 1639 il na point lesse denfans.

Voyez n° 41 et aux *fac simile*.

N° 44.

Aprilis 30.   Page 125.

De la main d'Eléonore.

1610. antre quatre et sinq heures du soir naquit a montaigne marie de guamaches ma fille et fut tenue a batesme par ma mere madame de montaigne et gilbert des eages (?) page de mon mari à cause de la hâte lanfant estant malade.

D'une autre écriture :

elle mourut a montaigne le 27 (avril) 1683 elle lessa

3 filles par son testament clos elle fit la plus iune son heritierre cet md de montaseau.

Cette dernière était Claude Magdeleine de Lur, voyez aux *fac simile*. n° 9.

N° 45.

Martius 18. Page 81.
De la main d'Eléonore.

1627. espousaret louis de lur de sa luce et marie de guamache a montaigne.

D'une autre écriture :

il estoit nay a Bordaux en may 1604 il est mort a montaigne le 26 de may 1664 et md sa fame le 27 auril 1683 ils sont enseuelis à leglise de monta....

Cette note confirme la précédente pour la date de la mort de Marie de Gamaches.

N° 46.

Janvarius 23. Page 24 verso.
Note d'une main inconnue (feuillet très-altéré).

..16 (1616) mourût en la ville. . . . . .
un jour de samedy dame. . . . .
. eonor de montaigne vicontesse de gamaches

(D'une autre écriture et d'une autre encre).

son ceur fut desposé aux cordeliers et son corps fut porté a bordaux au couuent des feuillen et mis dens le tombau de M^r de montaigne son père ensuite fut aussi desposé. . . . .
de françoise de la chassa. . . . . . .
sa mère en 1627. . . . .

Voyez ce qui la concerne n°^{s} 37, 38, 39, 41, 42, 43 et 44.

OBSERVATIONS

SUR LES ANNOTATIONS DES ÉPHÉMÉRIDES DE BEUTHER.

N° 1. — Cette note a été écrite postérieurement à l'évènement qu'elle relate, puisque Montaigne est né en 1533 et que le volume n'a été imprimé qu'en 1551. Cette écriture pourrait bien être celle du père de Montaigne; elle est, au moins, plus ancienne que les annotations qui sont dues à Michel, car elle est d'une pâleur extrême.

J'ai fait remarquer la radiation subie par le nom *Aiquemius*, et le plus souvent, lorsque le nom d'Eyquem se présente dans ces notes, il est pareillement effacé; cela indiquerait-il de la part de la famille l'intention de renoncer à ce nom pour s'en tenir à celui de la terre?

N° 13. — Montaigne s'est marié en 1565. Je ne sais d'après quelle autorité M. J.-V. Leclerc dit que ce fut en 1566.

N° 14. — Montaigne dit aux *Essais* qu'il était le troisième des enfants de son père; comme jusqu'ici aucun renseignement ne m'avait montré qu'un de ses frères eût hérité de la terre et du nom, j'avais compris que Michel avait immédiatement succédé à son père, et que ses deux frères aînés, Arnaud dit Saint-Martin et Beauregard, étaient morts avant le père. La note de Montaigne vient démentir cette supposition.

Un des frères aînés de Montaigne a-t-il donc possédé pendant quelque temps? ce survivant était-il dans une position qui le rendait incapable de succéder? A-t-il renoncé à la succession?

Dans tous les cas, la déclaration est formelle. Pierre Montaigne, en mourant, a laissé cinq enfants mâles, donc un qui était l'aîné de Michel.

No 15. — C'est évidemment à cette fille nommée *Thoinette* que se rapporte un passage de la dédicace par laquelle Montaigne adresse à sa femme la traduction de la lettre de consolation de Plutarque. Cette lettre, datée du 10 septembre 1570, dit textuellement : « N'ayant enfant qu'une « fille longuement attendue au bout de quatre ans de notre « mariage, il a fallu que vous l'ayiez perdue dans le deuxième « an de sa vie. »

Montaigne, marié en 1565, a cet enfant en 1570. Voilà les quatre années comptées à la légère; et probablement Montaigne dit quatre ans parce qu'il n'y en avait pas encore cinq, puisque le mariage avait eu lieu en septembre (26) et que l'enfant naît le 28 juin. (Nous verrons plus loin que c'est toujours ainsi que Montaigne compte son âge.)

D'un autre côté, si l'enfant est morte deux mois après sa naissance, comme le dit la note autographe de Montaigne, elle a dû mourir vers le 28 août, et c'est quinze jours après que Montaigne, qui alors était à Paris, adresse à sa femme la lettre précitée.

Il n'y a donc pas de confusion possible; c'est le seul enfant que Montaigne ait attendu pendant quatre ans; il meurt en 1570, à la fin d'août, et Montaigne écrit dans les premiers jours de septembre. Mais s'il en est ainsi, il faut que Montaigne se soit trompé en écrivant « que vous l'ayiez « perdue dans le *deuxième an* de sa vie. » Si sa fille avait vécu jusqu'à sa deuxième année, plus ou moins, cela nous reporterait postérieurement au 28 juin 1571; or, la lettre est écrite en 1570, donc Montaigne a écrit le mot *année* pour *mois*. Surabondamment, j'ajoute qu'excepté Eléonore qui a survécu, les autres enfants de Montaigne, toutes filles, n'ont pas atteint leur deuxième année. Ainsi Montaigne, ou son imprimeur, a commis là une erreur qui s'est imperturbablement maintenue dans les nombreuses éditions qui ont donné les lettres de Montaigne.

N° 20. — Ce renseignement est rendu plus intéressant encore par une note des registres secrets du parlement de Bordeaux, laquelle dit :

« Le 4 mai 1574, Montaigne vint à la Cour prononcer un « discours. »

Malheureusement on ne donne pas ce discours !

Il semblerait que les fonctions de conseiller à la Cour, préalablement remplies par Montaigne, expliquent comment il a pu être admis à la séance du parlement, car je lis dans La Roche Flavin ce qui suit : « Un conseiller du privé con-« seil de robe courte se présentant au parlement le 1ᵉʳ dé-« cembre 1607, *apportant une lettre du Roi*, n'est pas reçu « à être ouï, sur ce que son office ne lui donne ni entrée, « ni séance, et que les sieurs d'Escars, de Lansac, de Biron, « ayant demandé pareille entrée autrefois à la Cour, leur « avait été refusée. Le premier président et quelques con-« seillers furent chargés, comme commissaires, de recevoir « sa créance. »

N° 21. — C'est à cette fille ou à Anne, n° 18, que se rapporte ce que dit Montaigne dans les *Essais*, en parlant de ses enfants : « *J'en ai perdu en nourrice deux ou trois,* « *sinon sans regret, au moins sans fâcherie.* »

N° 23. — Nous n'avons pas besoin de faire remarquer l'intérêt de cette note. Nous ignorions complètement que Montaigne eût été gentilhomme de la chambre du roi de Navarre.

N° 24. — Cette note complète ce qui manque au commencement de la relation imprimée du voyage. Montaigne fait partir la durée de son voyage du jour où il a quitté son château, le 22 juin 1580. Il vient à Paris, puis il se rend à La Fère, et il prend part au siége : « Moi étant « audit siége. » Ce siége, commencé à la fin de juin, dure six semaines, d'après Mezerai, soit jusqu'au milieu d'août. Or, nous voyons que M. de Grammont a été tué le 6 de ce mois ; on transporta ensuite son corps à Soissons, et Montaigne l'y accompagna. Il est probable que ce transport n'eut lieu qu'après la levée du siége, puisqu'après avoir accompli ce pieux devoir, nous voyons Montaigne se mettre définitivement en route pour la Lorraine, et que le 5 septembre il est à Vitry et couche à Meaux.

De Caillière, dans la vie de Matignon, contredit Mezerai pour la durée du siége ; mais la note de Montaigne semble donner raison à ce dernier. Caillière dit que le siége ne dura que quelques jours, et qu'après dix ou douze attaques les assiégés parlementèrent. Or, si le siége a commencé à la fin de juin et durait encore le 6 août, il y a là plus que les douze jours de Caillière.

Enfin cette note éclaire un point obscur de la vie de Montaigne ; il a été soldat, il le dit, Brantôme se permet de plaisanter sur son épée ; mais on voit qu'il n'était pas enrôlé sur des cadres réguliers, qu'il n'avait pas de fonctions fixes, stables ; son service était facultatif, spontané. Nous le voyons, en effet, partir pour l'Italie ; mais on fait le siége de La Fère, il lui convient d'y assister, il s'y rend ; le siége levé, il reprend sa liberté, il remplit un devoir d'amitié envers le mari d'une femme à laquelle il avait dédié un chapitre des *Essais* (la belle Corisandre), puis après il reprend sa course et continue son voyage.

N° 27. — Montaigne se trompe sur son Beuther pour l'année de son départ : il dit 1579 pour 1580 ; son voyage en effet a duré 17 mois et 8 jours ; or, s'il est revenu le 30 novembre 1581, il est clair que c'est en 1580 qu'il est parti, le journal du voyage du reste le dit ainsi, « d'où j'étois parti le 22 juin 1580. »

N° 28. — Il y avait alors 14 mois que Montaigne était de retour de son voyage ; il atteignait alors ses cinquante ans. — Ce fût le sixième et dernier enfant de madame de Montaigne.

Le premier, Thoinette, née le 28 juin 1570, morte deux mois après.

Le deuxième, Léonor, née le 9 septembre 1571, a vécu et a eu des enfants.

Le troisième, Anne, née le 5 juillet 1573, vécut sept semaines.

Le quatrième, N., née le 27 décembre 1574, mourut trois mois après.

Le cinquième, N., née le 16 mai 1577, morte un mois après.

Le sixième, Marie, née le 21 février 1583, ne vécut que quelques jours.

N° 29. — M. Berger de Xivrey, mentionne dans les *Séjours et Itinéraire du roi de Navarre*, deux séjours de ce prince au château de Montaigne, les 19 décembre 1584 et 24 octobre 1587 ; c'est au premier de ces séjours que se rapporte la note de Montaigne, et nous y voyons l'explication de ces mots « *aux champs* » que M. B. de Xivrey place aux 20 et 21, Montaigne nous dit » je lui fis eslâcer un cerf en ma « forêt, qui le promena *deux jours*. »

Le début de cette note est intéressant pour Henri IV, Montaigne dit « et y fut deus iours serui de mes ians sans « aucun de ses officiers, il n'y souffrit ni essay ni couvert. »

Il s'agit ici évidemment de ce cérémonial suivi pour la table des rois et des grands seigneurs, dans lequel on faisait l'*essai* des aliments solides et liquides, et dans lequel les objets qui composaient le couvert personnel et les serviettes en particulier étaient renfermés dans des pièces dont une s'appelait le *cadenas* et l'autre la *nef;* on peut consulter sur ce curieux usage qui s'étendait jusqu'à la communion, l'*État de la France*, le *Grand d'Aussy*, le *journal de Dangeau*, l'article intitulé le *Gobelet du Roi* dans la France Littéraire 1842, etc., etc.

N° 32. — L'avant-dernière phrase offre quelque obscurité qui me paraît tenir à la destruction du texte; il manque des mots, *j'y fus mis*, est le commencement d'une phrase non terminée.

N° 36. — Montaigne parle d'un capitaine Rous; il avait déjà mentionné ce personnage dans une lettre datée du 22 mai 1585, que j'ai publiée, « *je cherche un capitaine Rous.* »

Je retrouve ce même nom dans les personnes de la suite de Henri de Navarre dans la visite au château de Montaigne.

EXEMPLAIRE

DES COMMENTAIRES DE CÉSAR,

QUI A APPARTENU A MONTAIGNE.

J'ai eu occasion dans mes publications antérieures de faire connaître un précieux volume que possède le savant M. Parison. C'est l'exemplaire des commentaires de César qu'a possédé Montaigne, et notre philosophe a tracé sur les marges des annotations dont le nombre ne s'élève pas à moins de 368.

Malheureusement ce volume a été relié postérieurement à la possession de Montaigne et le couteau a atteint une grande partie des notes, ce qui les rend extrêmement difficiles à déchiffrer. Nonobstant ce surcroit de difficultés je suis parvenu à les lires toutes, sauf cinq ou six ; ce ne sont que des sommaires, lesquels lus isolément n'auraient pas d'intérêt, mais j'aimerais à voir un éditeur des commentaires de César, utiliser ces sommaires dans une édition nouvelle !

Quelques unes de ces notes forment une pensée complète, ou représentent des phrases qu'on retrouve dans les essais, j'en donnerai des spécimen.

Mais ce qui donne à ce volume une valeur et un intérêt incomparables, c'est une page entière autographe de Montaigne écrite d'*inspiration*, en finissant de le lire.

Le lecteur jugera ce morceau qu'on peut dire *une page retrouvée des Essais,* car on se souvient que Montaigne a transcrit dans ce livre ce qu'il avait inscrit sur son *Guichardin*, son *Commines* et son *Du Bellay ;* la page en question fait exactement le pendant de celles-là et on verra qu'elle ne leur est pas inférieure.

Voici le titre exact de cet exemplaire :

C. IVLII CAESARIS commentarii nouis emendationibus illustrati. eivsdem librorvm qui desiderantur fragmenta ex bibliotheca Fvlvi Vrsini Romani, Antverpiae, ex officina Christoph. Plantini cɪɔ ᴅ ʟxx. in-8 de 499 pages chiffrées, plus 16 feuillets non chiffrés pour le libellus variorum, et 16 non chiffrés pour les titres, pièces préliminaires, cartes, etc.

Au bas de ce frontispice est une signature *Motaigne*, à la fin on trouve la belle page que je vais transcrire; elle est précédée de quelques mots qui donnent la fin d'une note enlevée par le relieur et qui comportait probablement « *Commencé de lire ce livre des guerres* » ce qui reste continue ainsi « *ciuiles* 25 *feur 1578* | 44, | (ce dernier chiffre donne l'âge de Montaigne, qui né le 28 février 1533 n'avait pas encore complété ses 45 ans); enfin sur l'autre feuillet de garde, Montaigne a écrit « *achevé de lire ces livres des guerres de Gaule* le 21 juil 1578. | 45 | (il était en effet alors dans sa 46ᵉ année).

Le passage sur César commence par un mot peu lisible, cependant, après beaucoup d'études, de comparaisons avec les lettres analogues de Montaigne, MM. Paris et Lacabane ont accepté l'interprétation que je leur proposais, c'est-à-dire le mot *some* pour *somme* comme on dit : en *somme*, *somme toute*, *au résumé*.

Ce début en effet semble naturel d'après le ton d'animation, d'exaltation, sur lequel la note est écrite.

« En somme, en résumé, César est un des plus grands
« miracles de nature !..... » (1)

On remarquera que Montaigne ne mentionne que *les*

---

(1) Il y a une foule d'endroits et dans les essais et dans la traduction de Sebonde où Montaigne emploie cette manière de parler. — Ainsi à l'occasion de l'ambition de César, il dit : « Somme, ce seul vice à mon advis « perdit en luy le plus beau et le plus riche naturel qui feut oucques. »
(*Essais.*)

Guerres ciuiles et les guerres de *Gaule* et il n'a annoté que celles-là ; ne regardait il pas la guerre Alexandrine, celle d'Afrique et celle d'Espagne comme l'œuvre de César ?

Quoi qu'il en soit, les notes les plus nombreuses sont au livre III *de Bello civili* et aux livres II à VII *de Bello gallico*.

PAGE AUTOGRAPHE DE MONTAIGNE.

« Sōme, c'est césar vn des plus grās miracles de
« Nature, si elle eut volu menager ses faueurs ellen
« eut biē faict deus pieces admirables. le plus disert,
« le plus net et le plus sincere historien qui fut iamais.
« car en cete partie il n'en est nul romain qui lui soit
« cōparable et sui tres aise que cicero le iuge de
« même. Et le chef de guerre en toutes cōsidératiōs
« des plus grās qu'ele fit iamais. Quand ie cōsidere la
« grandur incōparable de cete ame iexcuse la uic-
« toire de ne s'estre peu defaire de lui, uoire en cete
« tres iniuste & tres inique cause (1). il me sāble qu'il
« neiuge de pōpeius que deus fois (208,324). ses autres
« exploits & ses cōseils il les narre naïfuemāt, ne leur
« derobāt rien de leur merite, voire par fois il lui prete
« des recōandatiōs de quoi il se fut biē passe, come
« lors qu'il dict que ses cōseils tardifs & cōsideres

---

(1) Quand je considère la grandeur incomparable de cette ame i'excuse la victoire de ne s'estre peu despestrer de luy, voire en ceste très iniuste et très inique cause.   (*Essais* Liv. II, ch. 33, *Hist. de Spurina*.)

« étoit tires en mauuese part par ceus de sō armée
« car par la il sāble le vouloir decharger dauoir donc
« cete miserable bataille tenāt cesar cōbatu & assiege
« de la fein (319) Il me sāble biē qu'il passe vn peu
« legieremāt ce grād accidāt de la mort de pōpeius. De
« tous les autres du parti cōtrere il ē parle si indiffe-
« rāmāt, tātost nous proposāt fidelemāt leurs actiōs
« vertueuses, tātost uitieuses qu'il n'est pas possible
« d'y marcher plus cōsciātieusemāt. S'il dérobe rien a
« la verite i'estime que ce soit parlāt de soi car si
« grādes choses ne peuuēt pas etre faictes par lui
« qu'il n'y aie plus du sien qu'il n'y en met (1).
« C'est ce liure qu'un general darmée deuroit cōti-
« nuellemāt auoir deuāt les yeus pour patrō come
« faisoit le marechal Strozzi qui le sauoit quasi par
« ceur & l'a traduit. nō pas ie ne sçai quel phi-
« lippe de Cōines (2) que charles cinquieme auoit
« ē pareille recōandatiō, que le grād Alexādre auoit

(1) Mais Cœsar singulierement me semble meriter qu'on l'estudie non pour la science de l'histoire seulement mais pour lui-mesme. tant il y a de perfection et d'excellence par dessus tous les aultres quoique Salluste soit du nombre. Certes ie lis cet aucteur avec un peu plus de reverance et de respect qu'on ne lict les humains ouvrages ; tantost le considerant luy mesme par ses actions et le miracle de sa grandeur ; tantost la pureté et inimitable polissure de son langage qui a surpassé non seulement touts les historiens comme dict Cicero, mais a l'adventure Cicero mesme avecques tant de sincerité en ses iugements parlant de ses ennemis, que, sauf les faulses couleurs de quoy il veult couvrir sa mauvaise cause et l'ordure de sa pestilente ambition, ie pense qu'en cela seul on y puisse trouver a redire qu'il a esté trop espargnant a parler de soy ; car tant de grandes choses ne peuvent avoir este executées par luy qu'il n'y soit allé beaucoup plus du sien qu'il n'y en met.   (Livre II chapitre 10.)

(2) Montaigne dans les essais (des livres) parle de philippe de Comines avec beaucoup plus de considération.

« les euures de Homere, Marcus Brutus Polybius
« l'historie. (1) »

Il faut surtout après avoir lu cette page relire le chapitre 34 du livre II intitulé : Observation sur les moyens de faire la guerre de Iulius Cesar.

EXEMPLES

DES SOMMAIRES AJOUTÉS PAR MONTAIGNE SUR LES MARGES
DES COMMENTAIRES DE CESAR.

Page 13. — Cœsar renuoye les cheuaus pour oster l'espoir de fuir.

Il y a plusieurs exemples en l'histoire romaine (et Suetone le remarque plus particulièrement de César) des capitaines qui commandoient à leurs gents de cheval de mettre pied à terre. . . . . pour oster aux soldats toute espérance de fuyte. (*Essais*, liv. 1, ch. 48.)

---

(1) Pour les lecteurs qui trouveraient les dernières lignes un peu obscures, je restitue le sens par l'addition de quelques parenthèses.

« Comme faisait le maréchal Strozzi qui le savait (Cesar) quasi par
« cœur, et l'a traduit. Non pas je ne sais quel Philippe de Comines que
« Charles V avait en pareille recommandation que le grand Alexandre
« avait les œuvres d'Homère, (et que) Marcus Brutus (avait les œuvres
« de) Polybius l'historien. »

On lit dans les *Essais* :

« On recite de plusieurs chefs de guerre qu'ils ont eu certains livres en particuliere recommandation ; comme le grand Alexandre, Homere ; Scipion Africain, Xénophon ; Marcus Brutus, Polybius ; Charles cinquiesme, Philippe de Comines ; et dict on de ce temps que Machiavel est encore ailleurs en credit. Mais le feu mareschal Strozzi qui avoit prins Cesar pour sa part avait sans doubte bien mieulx choisi, car à la vérite ce debvroit estre le breviaire de tout homme de guerre, comme estant le vray et souverain patron de l'art militaire : et Dieu sçait encores de quelle grace et de quelle beauté il a fardé cette riche matière d'une façon de dire si pure si delicate et si parfaicte qu'a mon goust il n'y a aulcuns escripts au monde qui puisse estre comparables aux siens en cette partie. »
(Livre II chapitre 34).

Page 22. — Une armée ne se doibt (enq) uerír des desseins (de) lē general (1).

Page 23. — on craint souuēt (les) ennemis plus p̄ (par) reputāon q̄ p̄ leffect.

On lit la même chose dans les *Essais*, ch. 34 du livre II.

Page 24. — (un) bon chef nest (ia) mais desobei.

Page 42. — faict grand estat (de) lexortāon aus soldats (2)

Page 46. — Gaulois plus grands que les italiens.

Page 89. — les angl. melēt pied à terre pō prēdre auantage sur les gens de (cheual).

Nos ancestres, et notamment du temps de la guerre des Anglois, ... se mettoient la plupart du temps tous à pied. (*Essais*.)

Page 158. — reprāt ce soldat (d') ētreprādre sās (ordr) e du chef. (estime) plus (l'o) beissāce que la vaillāce. (3)

Page 171. — il est plus aisé de souffrir la mort que la do (uleur).

Page 239. — le soldat aux guerres ciuil (es) done plus à la creinte qu'au de (voir).

---

(1) Il (Cesar) acoustumoit sur tout ses soldats a obeïr simplement, sans se mesler de contrerooler ou parler des desseings de leur capitaine, lesquels il ne leur communiquoit que sur le poinct de l'execution : et prenoit plaisir s'ils en avaient descouvert quelque chose, de changer sur le champ d'advis pour les tromper ; et souvent, pour cet effect, ayant assigné un logis en quelque lieu, il passoit oultre et alongeoit la iournée notamment, s'il faisoit mauvais temps et pluvieux. (Livre II chapitre 34.)

(2) I'y ay aussi remarqué cela, qu'il faict (César) grand cas de ses exhortations aux soldats avant le combat. (Liv. II ch. 34.)

(3) Il (Cesar) ne requerait en ses soldats aultre vertu que la vaillance, ny ne punissoit gueres aultres vices que la mutination et la desobéissance.
(Livre II chapitre 34.)

Page 285. — on peut uoir come cesar represāte une singulière integrité a loüer et meloüer ses ene (mis) (1)

Page 304. — Louange de Scœua, recōpāse que cesar lui faict. (montaigne ajoute) cete histoire est autremāt ē plutarque et ēcore autremāt en suetone.

Page 332. — Cesar se fiāt en sa bone fortune plus qu'au nōbre des homes.

---

(1) On retrouve la même pensée exprimée dans les mêmes termes dans la note (1) de la page 32.

LETTRES INÉDITES ET AUTOGRAPHES

DE MONTAIGNE.

La copie de la première des lettres qui suivent m'a été très-gracieusement et très-obligeamment donnée par une dame qui joint à l'illustration de son nom l'honneur de descendre du maréchal Jacques de Matignon.

Cette lettre, et quelques autres de Montaigne, que j'ai eu le bonheur de voir, se trouvent, en effet, parmi les papiers du célèbre maréchal. Ces missives n'offrent pas d'intérêt sous le rapport historique, si ce n'est une d'entre elles, qui donne de curieux détails sur la cour de Nérac; mais les lettres de Montaigne sont assez peu communes pour qu'elles soient toujours instructives et dignes d'être recherchées. Celle-ci, par exemple, dans son intérêt restreint, nous donne de nouveau un mot qui a été l'objet de vives controverses; il faut donc s'efforcer de réunir et de publier le plus grand nombre possible de pièces de ce genre. Aussi j'espère que l'usage que je fais de la copie qui m'a été confiée, en la publiant en aussi bonne compagnie, décidera l'heureuse propriétaire de ces trésors historiques ou littéraires à compléter l'acte de sa munificence, en tenant une promesse librement et spontanément faite, et dont j'attends la réalisation dans une respectueuse et discrète réserve.

La seconde lettre m'a été donnée, en copie figurée fort exacte, par M. Laverdet, près duquel les travailleurs sérieux sont toujours certains de rencontrer une assistance intelligente et utile, et à qui je témoigne publiquement ici mes remercîments.

J'ignore à qui cette missive était adressée; elle ne porte pas de suscription; on voit seulement au dos quelques mots indéchiffrables, dans lesquels on distingue peut-être : *Contre lettre pr Arnaud Andoyer contre Mōtaigne*, et au-dessous : *Montaigne*; mais cela est très-douteux.

Cette pièce faisait partie de la collection de M. Dubois, ancien libraire, dont les autographes ont été vendus en février 1854; elle a été adjugée au prix de 333 francs, sans les frais.

LETTRE PREMIÈRE.

« Monseignur Mademoiselle de Mauriac est apres
« a faire le mariage du Sr de Mauriac son fils aueq
« l'une des seurs de Monsr d'Aubeterre; les choses sont
« si auancées a ce qu'on me māde qu'il n'y reste que
« lassistāce de Mad^{elle} de Brigneux sa fille aisnée qui
« est a Leitore aueq son mari. Elle uous supplie très
« hūblemāt ottroier un *passeport* (1) a sa dicte fille
« & son petit trein pour uenir a Mauriac et come
« estant son parant & aiant cet honur d'estre conu de
« uous ell'a uolu que je uous ē fisse la requeste et
« m'a enuoié vne lettre qu'elle dict estre de Monsr
« d'Aubeterre, je crois a ces mesmes fins. je uous la
« fois tres hūble & et tres affectionée si c'est chose qui
« ne uous apporte desplesir et inportunité; si non,
« au moins cele cy seruira a me ramāteuoir en uostre

---

(1) On remarquera le mot *passeport* écrit encore cette fois de la main de Montaigne. J'ai des lettres de Henri III et de Henri IV, où ce même mot se rencontre. J'ai cité ailleurs bien d'autres exemples qui prouvent que ce mot était en usage dans le XVIe siècle.

« souuenance don me pourrait auoir desloge et mon
« peu de merite et le longtamp qu'il y a que je n'eus
« l'honur de uous uoir.

« Je suis, Monseignur,
   « Uotre tres hūble servitur
           « Mōtaigne. »
« de mōtaigne. ce 12 juin »

Au dos il est écrit :

« A Monseignur, Monseignur de Matignon, mares-
« chal de France. »

Mauriac est un ancien château, commune de Douzillac, canton de Neuvie (Dordogne).

Cette lettre de Montaigne témoigne des liens de famille qui l'unissaient à Mme de Mauriac. Déjà j'avais trouvé la trace de cette parenté dans le contrat de mariage de *Marie de Montaigne*, sœur du philosophe, où (18 mars 1580) celui-là même dont la lettre annonce le mariage, est porté comme témoin et qualifié cousin de la future. Comme la lettre de Montaigne est du mois de juin et que le mariage de Mauriac eut lieu le 28 août 1587, on peut affirmer que la lettre est de cette année-là ; ce qui n'était pas indiqué.

Pendant le tirage de ces feuilles, M. L. Lapeyre, à l'affectueuse obligeance duquel je dois tant, m'adressait une Note qui fait connaître les personnes mentionnées par Montaigne :

Mlle de Mauriac, — *Jeanne*, fille unique de Pierre de Segur, chevalier seigneur de Sainte-Aulaye, Pouchat et Montazeau, et de dame *Lucrèce de Lachassaigne*, épousa, le 9 octobre 1556, *Antoine de Taillefer*, écuyer, seigneur de *Mauriac*. Jeanne de Segur vivait encore le 8 novembre 1604.

Le Sieur de Mauriac, son fils, — *Isaac de Taillefer*, seigneur de Mauriac, né le 2 janvier 1564, épousa, le 28 août 1587, *Isabeau Bouchard d'Aubeterre*. Il était protestant. Son testament est du 10 août 1605. On ignore l'époque de sa mort. Il est certain qu'il ne vivait plus le 10 janvier 1609.

L'une des sœurs de M. d'Aubeterre., — *Isabeau Bouchard d'Aubeterre*, fille de *François et de Gabrielle de Laurensanes*. Elle était sœur de *David Bouchard d'Aubeterre*, sénéchal du Périgord.

Mme de Brigneux, — *Anne de Taillefer*, mariée : 1° à noble Annet Cotet (ou Cothet), écuyer, seigneur de la Roque et du Peuch ; 2° par contrat du 20 novembre 1584, à Jacques, seigneur de Brigneux, en Vivarais, écuyer, gentilhomme de la chambre du roi de Navarre et gouverneur de la ville de Lectoure.

(Généalogie de la maison de Taillefer, par l'abbé Lespine.   *Courcelles*, t. XI.)

LETTRE II.

« Monsieur, ie vous fai cet escrip veu laage aultremā
« que besoing le comande, vous asseurant ie scay
« recognoistre honestes de vostre dire mieulx que ie
« uous le fest presentemāt Or, en lestat incertain de
« nostre espargne, jai print attention de ne faillir à
« lencontre de ce quave montres de soing & d'attache
« que ie scais uous debuoir de longues années pour
« bons & loyaux seruices mesme ie vous le ueus si
« bien prouuer que voicy le tiltre dont Monsieur
« Estienne pouruoiera à lacquittement toutefois que
« se presenteres a luy. Voila ce que ie supplie m'estre
« accordé cōme tesmoignage de vostre bonne amitié
« & chose fort de mon goust dont je tiens le caut?
« pour recours(?)

« Sur ce ie prie Dieu uous donner longue et heu-
« reuse vie.

« X de ma.... 1590. »

Mōtaigne.

Cette lettre semble écrite dans un moment de trouble ou de souffrance. Une foule de mots sont oubliés. Ainsi, 3ᵉ ligne : *vous assurant* QUE *je scais reconnaître*, *que* est oublié ; même ligne : *les honestes* pour *honêtetés ;* 5ᵉ ligne : un mot douteux que M. Laverdet a traduit par *incertain*, qui peut aussi bien être *instant, pressant*. A la fin un mot obscur se rencontre encore : le *caut* est ce qu'on lit d'abord, mais on pourrait aussi voir, le *cout* ce qui aurait plus de sens *et je tiens le coût* ou *le cœur pour recours*, sans qu'on puisse comprendre si Montaigne donne son *cœur* pour garant de ses sentiments ou s'il se porte garant du *coût* d'une pièce qui comporte des frais. Enfin le mois est incomplet, et on ne voit que les lettres *ma*.

Cette lettre est sur une feuille simple, d'une remarquable intégrité; elle ne porte aucune suscription au dos.

NOTE SUR LES FAC SIMILE.

Dans les papiers de Destivals, notaire à Bordeaux dans le XVIe siècle, on trouve deux contrats de mariage de *Michel* MONTAIGNE. Le premier est rayé et annulé, quoique signé par le plus grand nombre des assistants, même des futurs. Comme *Pierre* MONTAIGNE n'y figure pas, on peut croire que quelque clause n'aura point obtenu son assentiment et un nouvel acte dut être rédigé. J'ai donné en 1850, dans les *nouveaux documents*, les signatures de ce contrat définitif.

Persuadé qu'au nombre de ces signatures, figurait celle de la future, FRANÇOISE DE LA CHASSAIGNE, j'avais choisi pour la sienne celle que semblait indiquer l'ordre dans lequel elles sont apposées; je m'étais trompé. Mon erreur m'a été signalée par mon érudit et obligeant correspondant M. Lapeyre, bibliothécaire de Périgueux, et l'examen du contrat annulé a levé tous les doutes, puisque sur celui-là la future, a signé de son prénom ce qu'elle n'a pas fait sur le second. Je suis heureux de trouver l'occasion de donner enfin cette intéressante signature avec toute certitude (n° 3. Le n° 3 *bis* est la signature du contrat définitif). Parmi les autres Lachassaigne, on remarquera que le n° 2 représente dans la première lettre un I, qui semble indiquer que c'est la signature de Joseph, père de la future. Quant aux autres du même nom, je n'ai jusqu'ici aucun renseignement pour les attribuer à tel ou tel membre de la famille.

Les n°s 6, 7 et 8 sont incontestablement de l'écriture d'Eléonore, la fille, unique alors, de Montaigne.

Je n'ai pu rencontrer encore d'écriture des deux filles de *Eléonore*, FRANÇOISE DE LA TOUR et MARIE DE GAMACHES, mais je donne sous le n° 9, un spécimen d'écriture de la fille de cette dernière, Claude-Magdeleine de Lur-Saluce, mariée à Elie-Isaac de Ségur.

Enfin la signature d'Antoinette de Louppes m'avait été contestée à cause de l'absence de queue des P, dans le contrat annulé ces deux lettres sont figurées de manière à satisfaire les plus exigeants. J'ignore le degré de parenté du Pierre de Louppes, n° 11; il est qualifié au contrat d'écuyer, seigneur de Sainte-Colombe.

Ainsi dans les trois publications intitulées : DOCUMENTS SUR MONTAIGNE, j'aurai donné les *fac simile* d'écriture de Michel Montaigne, de ses père, mère, oncle, frère, celle de sa femme, de son beau-père et probablement des oncles de sa femme, celle d'Eléonore de Montaigne et de sa petite-fille, enfin celles des La Boëtie père et fils et de Marie de Gournay.

Je n'ai point parlé du *fac simile* de l'arrestation de *Montaigne*. Qu'en pourrais-je dire?..... l'émotion du lecteur y suppléera!..... et je termine cet opuscule en répétant ici mes sincères actions de grâces pour toutes les personnes qui ont contribué à cette publication, et particulièrement pour MM. de la Rose et de Kercado, dignes tous deux à titre divers (1) de posséder l'admirable joyau dont ils m'ont mis à même de révéler l'existence, et je me plais à unir leurs noms dans ma profonde reconnaissance.   J.-F. PAYEN.

(1) Madame la comtesse de Kercado, née de Levis-Mirepoix, était de la descendance des Montaigne, branche des Bussaguet. Elle a laissé deux fils.

1588 entre trois et quatre apres midi estant logé aus fauxbourgs germein a Paris et malade d'un espece de goulle qui lors premiere mot m'auoit sesi il y auoit iustement trois iours ie fus pris prisonier par les capitenes et peuple de Paris c'estoit au temps que le Roy en estoit mis hors par monsieur de guise fus mené en la bastille et me fut signifié que c'estoit a la sollicitation du duc d'Elbeuf lequel par droit de represailles et an lieu d'un sien parat ian[ti]lhome de normandie que le Roy tenoit prisonier a Roan La raine m'ere du roy auertie par mr pinard secretere d'estat de mon enprisonemant obtint de mrsieur de guise qui estoit lors de fortune aueq elle et du preuost des marchans uers lequel elle enuoia (mrsieur de uilleroy secretere d'estat s'en souignant aussi bien fort en ma faueur) que sur les huit heures du soir du mesme iour un maistre d'hostel de ladicte damajesté me vint faire mettre à liberté moienant les rescrits dudict seigneur duc et dadict preuost adressa au cleve capitene pour lors de la Bastille

Signature du premier Contrat de Mariage de Michel Montaigne (Annulé.)

1. Gielac Chassaigne   2. De lachassaigne

3. francoise de lachassaigne

4. de lachassaigne

5. ssle lachassaigne

1628 je spouze a montaigne charles
de gramondchy vicomte de odimont

dimanche 1600 fransoise de
latour ma fille fiansa honoré
de lur fils du vicomte dufa
a bourdeaus

20 10 mbre quatre a sinq heures du jur
naquit a montaigne marie de
gramachy mafille et fut tenue a
batesme par mamere madame
de montaigne de morton et gilbert des cages
page acause de la hate
l'anfant etant malade

Fac-Similé de l'écriture de la petite Fille d'Eléonore.

Le 18 quel que heure
avent le jour 1676 nayuté a
montaigne ce m de segur
mon f. G et de mesire
hicque cilié de segur elie
ualien seigneur de montasau

Signature du Contrat ci-contre.

Liste de quelques ouvrages que le D' Payen désirerait acquérir pour sa collection sur MONTAIGNE.

1° Un exemplaire d'une ou de plusieurs éditions des *Essais* antérieures à 1588, et autres que celles de 1580, 1582, 1587.
2° Un exemplaire d'une édition des *Essais*, Rouen, 1619, avec le nom de Nic. *Angot*. (Il en a passé dernièrement un à la vente Saint-Albin.)
3° Une mazarinade en prose intitulée : *Ovide partant à Tiéste* (sic) Paris, M. DC. LII., in-, 41 pages.
4° *Jonathan de Saint-Sernin. Essais et observations sur les essais du seigneur de Montaigne. Londres*, Edward Allde, 1626, in-12. ?
5° Le tome 8 des *Diversitez de Camus*, évêque de Belley.
6° Un abrégé de la théologie naturelle de Raymond Sebond, composé par J. Amos Comenius, et intitulé : *Oculus* (ou *Ocellus*) *fidei*. Il y a une édition d'*Amsterdam*, 1661, in-8.
7° Un autre abrégé du même ouvrage, intitulé *Viola animæ*. Il y a une édition petit in-8. *Mediolani* datée à la fin 1517. (On n'entend pas parler des éditions intitulées *De natura hominis*.)
8° *Historique description du solitaire et sauvage pays de Médoc*, par feu *M. De la Boëtie. Bordeaux, Millanges*, 1593, in-12. Ouvrage indiqué dans la 2ᵉ édition du P. Lelong.
9° *Eschantillons de Virgile*. Av Roy. A Paris, MDCXX. Petit in-8 de 32 pages. Dédicace signée *Gournay*.
10° *Le Sensé raisonnant sur les passages de l'Escriture saincte contre les prétendus réformez*, etc., fait par hault et puissant seigneur messire *Charles de Gamache*, vicomte de Resmond, etc. In-8 de 263 et 2 pages, sans aucune indication de ville, d'imprimeur et d'année (1622?)
11° Diverses vies de la vénérable mère JEANNE DE LESTONNAC, fondatrice de l'ordre des religieuses de Notre-Dame, par différents auteurs.
12° *Essays of Michael*, seigʳ *de Montaigne, in three books. London*, Basset, etc., 1693, 3 vol. in-8. (*Pas une autre date.*)
13° *Discorsi morali, politici e militari, del molto illustre sig. Mich. di Montagna... tradotti dal sig. Girolamo Nasselli. Ferrare*, Mamarello, 1590, in-8.
14° *Alle de Werken van de Heer Michel de Montaigne, Door Glazemaker. t'Amsterdam*, 1674, in-4. (*Pas un exemplaire avec frontispice de 1692.*)
15° *Elements of nature, or free opinions sported in the interior cabinet of Venus, by Montaigne, published from the last venitian edition, including the beauties of his immortal Essays. London*, Peacock, 1795, in-12.
16° *Essay, selected from Montaigne, with a sketch of the life of the author. London*, Cadell, 1800, in-12.
17° *Di Montaigne Michele apologia di Raimondo di Sebonda Saggio in cui se tratta della debolezza e incertitudine del discorso umano, trad. dal francis. Venet.*, 1634, in-4.

PUBLICATIONS
RELATIVES A MONTAIGNE

FAITES

Par le Dr J.-F. PAYEN.

1° **Notice bibliographique sur Montaigne**, insérée en tête de l'édition des **Essais** dans le **Panthéon littéraire**, augmentée et imprimée à part, à petit nombre. Paris, Duverger, in-8. 1837. (Distribuée à *cinquante* exemplaires, *n'a* pas été mise dans le commerce.)

2° **Documents inédits ou peu connus sur Montaigne**. Paris, Techener, in-8, portrait, *fac simile*, 1847. (Epuisés).

3° **Nouveaux documents inédits ou peu connus sur Montaigne**. Paris, Jannet, in-8, 1850, *fac simile*, in-4 et in-fol.

4° **De Christophe Kormart et de son analyse des essais de Montaigne**, article inséré dans le *Journal de l'Amateur de livres*, 1849, n° 6, et tiré à part à *trente* exemplaires, qui n'ont pas été mis dans le commerce. Paris, Guiraudet, in-8.

5° **Note bibliographique sur Etienne de la Boëtie**, dans le bulletin du bibliophile de Techener, in-8, 1846, n° 20.

6° **Notice bio-bibliographique sur la Boëtie**, l'ami de Montaigne, suivie de la *Servitude volontaire*, donnée pour la première fois selon le vrai texte de l'auteur. Paris, Firmin Didot frères, 1853, in-8. Vue, *fac simile*.

7° Article **Boëtie** (Étienne de la) dans la *Nouvelle Biographie universelle*, Paris, Didot, 1853, tome 6.

8° **Documents inédits sur Montaigne**, n° 3. — Éphémérides, Lettres, et autres Pièces autographes et *inédites* de Montaigne et de sa fille Éléonore. Paris, Jannet, 1855, in-8. *Fac-simile*.

4770 Impr. Maulde et Renou, rue de Rivoli, 144.

www.ingramcontent.com/pod-product-compliance
Lightning Source LLC
Chambersburg PA
CBHW060937050426
42453CB00009B/1054